Com a colaboração do site
ONE DIRECTION BR

ONE DIRECTION

São Paulo
2012

UNIVERSO DOS LIVROS

Diretor editorial
Luis Matos

Editora-chefe
Marcia Batista

Assistentes editoriais
Bóris Fatigati
Raíça Augusto
Raquel Nakasone

Arte
Francine C. Silva
Karine Barbosa

Capa
Zuleika Iamashita

Dados Internacionais de Catalogação na Publicação (CIP)
(Câmara Brasileira do Livro, SP, Brasil)

E64o Equipe Universo e One Direction Br.

One Direction – Edição especial para fãs / Equipe Universo e site One Direction Br. – São Paulo: Universo dos Livros, 2012.
80 p.

ISBN 978-85-7930-340-1

1. Biografia. 2. Música. 3. One Direction (grupo musical).
I. Título.

CDD 782.421660821

Universo dos Livros Editora Ltda.
Rua do Bosque, 1589 • 6º andar • Bloco 2 • Conj. 603/606
Barra Funda • CEP 01136-001 • São Paulo • SP
Telefone/Fax: (11) 3392-3336
www.universodoslivros.com.br
e-mail: editor@universodoslivros.com.br
Siga-nos no Twitter: @univdoslivros

Sumário

Introdução

Como começar a descrever a carreira do One Direction?

Uma coisa é certa: desde a participação no programa britânico *The X Factor*, a única direção em que eles seguiram foi a do sucesso absoluto. Cinco garotos da Inglaterra e da Irlanda unidos por uma mesma paixão e pela mesma determinação: realizar um sonho.

A banda chegou ao auge do seu sucesso no ano de 2012 – e, pode até parecer, mas não foi assim de uma hora para outra. Tudo começou em 2010, quando Harry, Liam, Louis, Niall e Zayn fizeram audições como artistas solo para o famoso programa de talentos.

Muitos não sabem, mas era a primeira vez de todos no programa, exceto Liam. O garoto de Wolverhampton já havia participado do programa em 2008, quando tinha apenas catorze anos. Chegou até a fase "Judges' Houses" e foi rejeitado. O jurado Simon Cowell aconselhou-o a voltar depois de dois anos, e foi isso que ele fez. Em uma impecável audição com a música "Cry Me a River", conquistou os tão desejados quatro "sim" dos jurados.

Cada um à sua maneira e com o seu talento, os cinco garotos passaram para a próxima fase do programa, o "Bootcamp". Eis que a rejeição chegou. Eles não conseguiram passar para a próxima fase como artistas solo. Segundo os jurados, não eram bons o suficiente sozinhos, mas eram candidatos muito bons para serem mandados para casa. Os jurados então os chamaram de volta ao palco e perguntaram se gostariam de formar um grupo, e foi assim que surgiu o One Direction.

Nenhum deles se conhecia antes do programa, mas logo tornaram-se grandes amigos. Eles foram para a próxima fase do programa e passaram! A cada semana suas performances iam melhorando e cada vez mais fãs eram conquistados, e foi assim que eles chegaram até a final. Não ganharam – ficaram em terceiro lugar –, mas Simon Cowell não deixou de dizer: "Esse é só o começo para esses garotos". E ele estava certo.

A banda assinou um contrato com a Syco Music (gravadora de Cowell) e logo foi para o estúdio trabalhar no álbum de estreia. No dia 10 de agosto de 2011, o primeiro single da banda, "What Makes You Beautiful", fez a sua estreia na rádio britânica BBC Radio 1. Depois disso, antes mesmo do seu lançamento oficial no iTunes da Europa, Austrália e Nova Zelândia, o single quebrou recordes na Inglaterra, batendo o recorde de pré-venda na história da Sony Music, com mais de 82 mil cópias vendidas já nos primeiros dois dias. Apenas alguns dias depois do lançamento, que ocorreu no dia 11 de setembro de 2011, a música também ficou em primeiro lugar nas *charts* do país. O videoclipe estreou no dia 19 de agosto de 2011 no YouTube e atualmente tem mais de 200 milhões de visualizações.

O segundo single da banda, "Gotta Be You", foi lançado no Reino Unido no dia 11 de novembro de 2011, seguido pelo lançamento do álbum de estreia, *Up All Night*, no dia 21 de novembro de 2011. As músicas foram um sucesso instantâneo, e *Up All Night* tornou-se o álbum de estreia mais rapidamente vendido na parada britânica de álbuns daquele ano, vendendo mais de 138 mil cópias na sua primeira semana. O terceiro single, "One Thing", foi lançado no dia 6 de janeiro de 2012.

O grupo assinou um contrato com a gravadora americana Columbia Records e *Up All Night* foi lançado nos Estados Unidos no dia 13 de março de 2012. "What Makes You Beautiful" tornou-se a maior estreia de um single de banda britânica desde 1998 na Billboard Hot 100.

Entre fevereiro e março, o One Direction abriu alguns shows da turnê da banda estadunidense Big Time Rush, mas o sucesso foi tão grande que logo uma turnê solo pelos Estados Unidos e Canadá foi anunciada – e, claro, foi um enorme sucesso, com ingressos completamente esgotados. Eles também participaram de um episódio da famosa série *iCarly* – intitulado *iGo One Direction*, que foi ao ar nos lares americanos no dia 7 de abril de 2012 –, além de terem aparecido no famoso e tradicional programa de comédia *Saturday Night Live*.

A banda entrou para a história quando o seu álbum *Up All Night* alcançou a primeira posição da Billboard 200, e tornou-se a maior estreia para um primeiro trabalho de uma banda do país, recorde que anteriormente pertencia às Spice Girls.

No fim de maio, a banda lançou o seu primeiro DVD ao vivo, intitulado *Up All Night – The Live Tour*. O DVD foi gravado durante a primeira turnê, a *Up All Night Tour*, em Bournemouth, no dia 12 de janeiro de 2012. O lançamento foi mais um grande sucesso da banda, vendendo mais de 2 milhões de cópias mundialmente.

Em maio de 2012, o grupo começou a gravar o seu segundo álbum, na Suécia. O mais novo trabalho da banda, intitulado *Take Me Home*, já tem data de lançamento para o Reino Unido: dia 12 de novembro deste ano. Segundo Niall, o título do álbum ("Me leve para casa", em português) está relacionado ao fato de que eles estão sempre viajando por todo o mundo, mas nenhum lugar é como a casa deles. A capa do álbum ficou com um clima bem britânico, com todos os integrantes da banda em uma das famosas cabines telefônicas inglesas.

O primeiro single do novo trabalho, "Live While We're Young", será lançado no iTunes do Reino Unido no dia 30 de setembro, e chegará ao brasileiro no dia 2 de outubro. No primeiro dia de pré-venda do EP do single no iTunes, já ocupou a primeira posição em seis países, incluindo o Brasil. Apenas alguns dias depois, foi anunciado que o One Direction quebrou mais um recorde e o single foi o mais vendido em pré-venda da história da música britânica, ficando em primeiro lugar em mais de quarenta países. Mais uma vez, a música tocará pela primeira vez na rádio britânica BBC Radio 1, no dia 24 de setembro. O videoclipe já foi filmado, mas a data de lançamento ainda não foi anunciada.

Uma turnê mundial já está a caminho, com início em fevereiro de 2013. Por enquanto, os garotos têm shows marcados – em sua maioria, com ingressos esgotados – no Reino Unido, Irlanda, Estados Unidos, Canadá, Austrália e Nova Zelândia.

Além de todos os lançamentos citados, cada vez mais empresas mostram interesse em lançar produtos da banda. Atualmente eles têm livros oficiais, bonecos, acessórios, materiais escolares, pôsteres, calendários, jogos etc.

Outro marco na carreira da banda foi quando ganharam um Brit Awards, considerado o Grammy britânico, com "What Makes You Beautiful" como Melhor Single Britânico. Nos Estados Unidos, eles levaram para casa dois prêmios no Kids' Choice Awards e os três prêmios a que estavam indicados no Teen Choice Awards.

No Brasil, desde o lançamento de *Up All Night*, o sucesso da banda só aumenta a cada dia. O álbum ficou entre os mais vendidos durante semanas, assim como o DVD *Up All Night – The Live Tour*. Shows da banda infelizmente ainda não foram anunciados no país, mas os fãs continuam aguardando ansiosos e cheios de esperança, e até criaram o projeto Bring 1D To BR, para tentar chamar atenção dos garotos para o nosso país.

Os garotos do One Direction

Niall Horan

Nome completo: Niall James Horan
Data de nascimento: 13/09/1993
Cidade de origem: Mullingar (Irlanda)

Curiosidades:

Os pais de Niall separaram-se quando o garoto tinha cinco anos. Naquela época, ele e seu irmão mais velho, Greg, viveram alternadamente na casa do pai, Bobby, e da mãe, Maura, até que decidiram morar definitivamente com o pai.

O garoto, que adora seu violão, se diz também um grande fã de rock. Algumas de suas principais referências no gênero são Bon Jovi e The Eagles.

Niall e o amor:

Ele se considera um bom namorado, do tipo que trata a amada com carinho, vive comprando presentinhos e adora ir a lugares interessantes a dois.

O que ele mais gosta em uma garota: que ela saiba levar as coisas na brincadeira e que seja sexy. E também é chegado em garotas com olhos castanhos!

Perfume favorito:

Armani Mania

Melhor coisa em estar no One Direction:

"Estar conquistando todas as garotas!"

Horóscopo:

VIRGINIANO

Inseguro, realista e inteligente

Combina com: Virgem, Touro, Capricórnio, Câncer, Escorpião e Peixes.

Você sabia?

- Ele acredita que sexo deve ser feito só depois do casamento.
- A base do microfone que Niall usa nos shows tem as cores da bandeira da Irlanda.
- O único livro que ele leu até hoje foi *O sol é para todos*, de Harper Lee.
- Ele detesta falar sobre o próprio corpo.
- Ele tinha dois peixes chamados Tom e Jerry, mas ambos morreram porque Niall lhes deu comida demais!
- Ele é canhoto.
- Ele fala dormindo, e adora cantar no chuveiro.
- Seu animal favorito é a girafa.
- É claustrofóbico.
- Seus cabelos, ao natural, são castanhos.

Twitter oficial:

@NiallOfficial

Zayn Malik

Nome completo: Zain Jawadd Malik
Data de nascimento: 12/01/1993
Cidade de origem: Bradford (Inglaterra)

Curiosidades:

O pai de Zayn, Yaser Malik, é de origem paquistanesa. Daí vem o seu nome diferente – que significa "belo" em árabe. Muito belos são também os nomes de suas três irmãs: Doniya, Waliyha e Safaa. Por ser muçulmano, ele e Doniya enfrentaram problemas de aceitação nas primeiras escolas em que estudaram. Mas, a partir dos doze anos, em uma nova escola, essa situação melhorou.

Algumas de suas principais referêcias como artista são Usher, Ne-Yo, Bruno Mars e Michael Jackson. E ele gosta muito de estilos musicais urbanos, como rap e R&B. Não é à toa que o garoto é tão cheio de estilo!

Zayn disse que ele não se importa com mimos quando a banda está em turnê, mas se preocupa muito com o lugar onde dorme: "Para mim, depois de qualquer dia, eu só quero a maior e mais confortável cama do hotel [...] Eu não me incomodo com o que ganhamos antes ou depois dos shows, desde que o nosso quarto seja confortável".

O garoto permaneceu por um tempo longe do Twitter, pois estava recebendo muitas mensagens racistas e de ódio religioso, além de acusações sobre trair a namorada ou fumar maconha.

Zayn e o amor:

Nas próprias palavras, ele é "muito cuidadoso, carinhoso e muito calmo".

O que ele mais gosta em uma garota: que seja descontraída em tudo. Zayn detesta meninas pegajosas, e acha mais atraentes aquelas que agem com naturalidade.

Perfume favorito:

Unforgivable, de Sean John

Melhor coisa em estar no One Direction:

"Todas as roupas de graça e estar fazendo o que eu gosto."

Horóscopo:

AQUARIANO

Estiloso, comunicativo e divertido

Combina com: Aquário, Libra, Gêmeos, Sagitário, Áries e Leão.

Você sabia?

- Ele fuma.
- Tem medo de altura.
- Esteve em um avião pela primeira vez durante o *The X Factor*.
- Frango é sua comida favorita.
- Desenhar é um de seus hobbies.
- Tem medo do escuro.
- Faz questão de escovar os dentes logo antes de subir ao palco.

Twitter oficial:

@ZaynMalik

Liam Payne

Nome completo: Liam James Payne

Data de nascimento: 29/08/1993

Cidade de origem: Wolverhampton (Inglaterra)

Curiosidades:

Quanto Liam tinha quatro anos, um médico diagnosticou que um de seus rins não funcionava adequadamente. Para evitar a dor provocada por esse problema, o garoto teve de tomar mais de trinta injeções!

Quando criança, era um menino que nunca chamava muito a atenção, considerado "gordinho", que sofria implicâncias de outras crianças na escola e que foi dispensado pela menina que gostava depois de ter cantado para ela.

Liam participou do *X Factor* em 2008, na quinta temporada do programa. Na época, ele tinha apenas catorze anos, e Simon Cowell julgou que o garoto ainda não estava pronto para a competição e pediu que retornasse em dois anos. Que bom que Liam seguiu esse conselho!

Uma de suas principais referências no meio artístico é Justin Timberlake.

Liam e o amor:

Não é como os muitos garotos que gostam de ser "o pegador". Considera a si mesmo como um "romântico de antigamente". E, uma vez, já deu o número do seu telefone para uma fã. Então, fiquem espertas!

O que ele mais gosta em uma garota: que seja atrevida mas também reservada – e, se possível, um pouco tímida. Não gosta de garotas espalhafatosas, mas sim das sorridentes e felizes.

Todos consideram Liam um garoto muito maduro para a sua idade. Ele até já afirmou que gostaria de ser um pai jovem e calcula que, quando tiver 25 anos, estará pronto para trocar fraldas!

Perfume favorito:

1 Million, de Paco Rabanne

Melhor coisa em estar no One Direction:

"Nunca temos nenhum momento ruim."

Horóscopo:

VIRGINIANO

Inseguro, realista e inteligente

Combina com: Virgem, Touro, Capricórnio, Câncer, Escorpião e Peixes.

Você sabia?

- Prefere tomar banho de chuveiro. Banheiras não fazem muito o seu gosto.
- Ele era escoteiro.
- Ele tem uma estranha fobia de colheres. Por causa disso, toma sorvete usando um garfo.
- Ele afirma ter sofrido *bullying* na escola.
- Liam não bebe álcool.
- Seu esporte favorito é basquete.
- Os filmes da série Toy Story são os seus favoritos.
- Ele adora cozinhar.
- Roxo é sua cor favorita.

Twitter oficial:

@Real_Liam_Payne

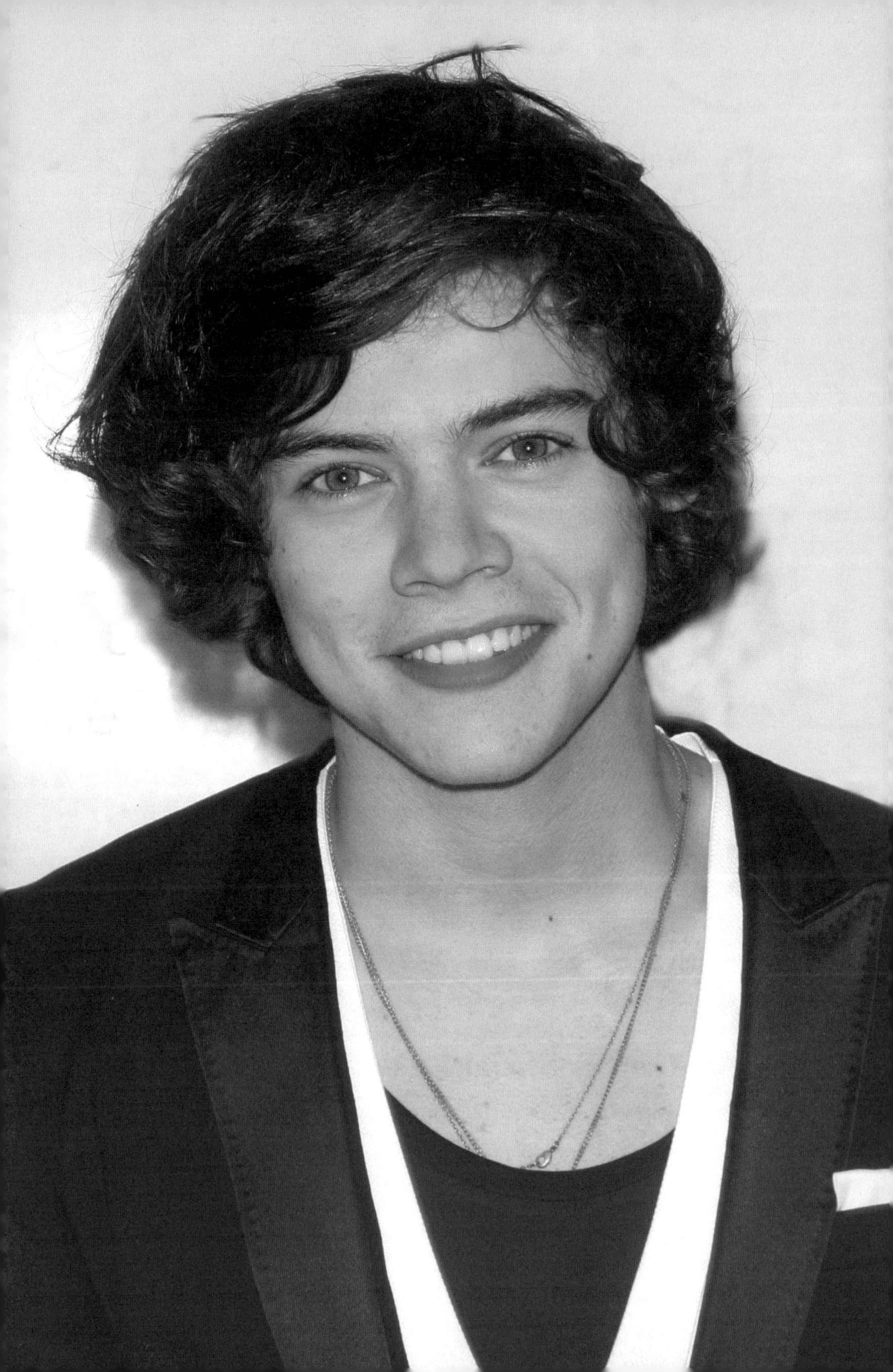

Harry Styles

Nome completo: Harry Edward Styles

Data de nascimento: 01/02/1994

Cidade de origem: Holmes Chapel (Inglaterra)

Curiosidades:

Harry tinha sete anos quando seus pais separaram-se. Sua mãe casou-se novamente e, então, ele e sua irmã mais velha, Gemma, mudaram-se com ela para o interior.

Desde criança, Harry gostava muito de cantar, tendo Elvis Presley como uma de suas principais referências desde aquela época. Entre os artistas atuais, ele gosta de bandas como Foster the People, Coldplay e Kings of Leon.

Harry e o amor:

O rapaz é muito leal e fiel. Segundo sua mãe, é um romântico, que adora ter alguém para cuidar. Mas não consegue entender o que as garotas veem nele (só ele não entende!). Uma dica: Harry costuma beijar no primeiro encontro!

Apesar dos milhões de fãs adorando o One Direction ao redor do mundo, Harry considera que às vezes falta coragem para falar com as garotas e flertar. À revista *Top of The Pops*, ele disse: "Eu acho que você tem que ser corajoso para ser bom na paquera – e eu não acho que eu sou muito legal nisso". Mas a timidez só o faz mais gatinho, não é?

O que ele mais gosta em uma garota: ter senso de humor, ser legal e fofa. Ele adora meninas fofas! Além disso, acha que é mais atraente quando as pessoas não dizem "sim" de primeira a um encontro. E, se você quiser conquistar o coração do moço, nada de fumar, hein? Esse é um hábito que ele não suporta.

Perfume favorito:

Diesel Fuel for Life

Melhor coisa em estar no One Direction:

"Os quatro garotos de quem eu estou junto."

Horóscopo:

AQUARIANO

Estiloso, comunicativo, divertido

Combina com: Aquário, Libra, Gêmeos, Sagitário, Áries e Leão.

Curiosidades:

- Harry fala francês.
- Ele sabe fazer malabarismos.
- Deu seu primeiro beijo aos onze anos.
- Já concorreu a uma vaga de trabalho como salva-vidas.
- Gosta de pegar comida do prato dos outros.
- Costuma escrever seu nome com apenas um "r".
- Tem fobia de cobras.
- Suas mãos são macias!
- *Simplesmente amor* é um de seus filmes favoritos.
- Ele gosta mais de chá que de café.
- Harry sabe fazer tricô.
- Ele fala dormindo.
- Ele não gosta de ler.

Twitter oficial:

@Harry_Styles

Louis Tomlinson

Nome completo: Louis William Tomlinson (nascido Louis Troy Austin)

Data de nascimento: 24/12/1991

Cidade de origem: Doncaster (Inglaterra)

Curiosidades:

Seus pais, Johannah Poulston e Troy Austin, separaram-se quando Louis era pequeno. Então, o menino recebeu o sobrenome de seu padrastro, Mark Tomlinson.

Antes do *X Factor*, Louis já havia trabalhado como garçom e também em um cinema.

Uma de suas principais referências no meio artístico é o cantor Robbie Williams, cujas performances "sempre inacreditáveis" o impressionam muito. Sua banda favorita é The Fray.

Louis e o amor:

Não se considera exatamente um romântico, mas sabe os momentos precisos para demonstrar seu lado afetuoso. É também um pouco brincalhão.

O que ele mais gosta em uma garota: ser leal e ter senso de humor. E, se ela for arrumada, melhor ainda, porque compensa a pouca importância que ele dá à própria aparência.

Perfume favorito:

Diesel Fuel for Life

Melhor coisa em estar no One Direction:

"Todas as risadas que nós damos e claro, eu ter feito mais quatro amigos."

Horóscopo:

CAPRICORNIANO

Comprometido, carinhoso e ciumento

Combina com: Capricórnio, Touro, Virgem, Câncer, Escorpião e Peixes.

Você sabia?

- Ele tem um cão chamado Ted.
- Não gosta de tatuagens.
- Sua cor favorita é vermelho-escuro.
- Ele não gosta de ser o mais velho da banda.
- Não gosta de pássaros.
- Dezembro é o seu mês favorito.
- Ele detesta comer feijão.
- Ele já repetiu de ano na escola.

Twitter oficial:

@Louis_Tomlinson

Apenas dois meses após o grupo ter sido formado, os garotos já pareciam amigos de longa data. Nesse dia, foram vistos chegando aos estúdios para participar da quarta semana da fase de shows ao vivo do programa.

O início de tudo: *The X Factor*

O programa

No ar desde 2004, o amado e polêmico show de televisão *The X Factor* movimenta as expectativas e emoções de milhões de pessoas no Reino Unido e, mais recentemente, em todo o mundo. O programa, que agora está em sua nona temporada, já revelou talentos como Leona Lewis e Cher Lloyd. E não se trata de um simples show de calouros. O programa é reconhecido pelas empolgantes e inesquecíveis apresentações de seus candidatos, e também por receber participações especiais de grandes nomes da música, como Britney Spears, Miley Cyrus e Beyoncé. De seu júri, participaram artistas como Katy Perry, Natalie Imbruglia, Nicole Scherzinger e Kelly Rowland. Devido ao grande sucesso, *The X Factor* virou moda internacional: o formato foi comprado por emissoras de diversos lugares e hoje já tem versões em mais de 35 países.

Quando o programa chegou à sua sétima temporada, em 2010, cinco garotos pra lá de especiais decidiram se inscrever nas audições preliminares, a serem realizadas em diferentes pontos do Reino Unido. E quem ganhou com isso fomos nós, não é?

Embora o programa desse a entender que os jurados ouviriam todos os inscritos no programa, houve uma seleção prévia feita pela produção, e só então os pré-selecionados ganharam a chance de cantar para o júri. A sétima temporada do programa contou com inscrições de 200 mil pessoas em todo o Reino Unido. Felizmente, nossos garotos conseguiram se destacar no meio de tanta gente!

Formação do grupo

Inicialmente, Niall, Zayn, Liam, Harry e Louis inscreveram-se na categoria "Boys" (categoria solo para garotos de até 28 anos). Após serem aprovados nas audições com os jurados, os rapazes prosseguiram para a fase de "Bootcamp" ("centro de treinamento") do programa. No entanto, não obtiveram aprovações suficientes como concorrentes solo e, portanto, não poderiam prosseguir para a fase de "Judges' Houses" ("casas dos jurados"), quando os concorrentes passam a receber orientação direta e constante de um dos jurados, que se torna seu mentor na competição. A parte boa é que os juízes não queriam perdê-los, pois haviam percebido a qualidade artística dos rapazes. Graças a uma sugestão da jurada convidada Nicole Scherzinger, foi permitido aos cinco que formassem um grupo e continuassem participando do programa na categoria "Groups". O curioso é que o histórico da competição apontava para o sucesso dos concorrentes da categoria "Boys" e para o fracasso da categoria "Groups": das seis temporadas anteriores, três tiveram como vencedores competidores masculinos solo; por outro lado, nenhum competidor da categoria "Groups" chegara até esse posto. Mesmo assim, os rapazes decidiram ir fundo nessa experiência e encararam o desafio. Tinham apenas cinco semanas para se afinarem e conseguirem trabalhar bem como um grupo.

Primeiramente, precisavam de um nome para continuar na competição. Embora Niall tenha sugerido Niall and The Potatoes, foi de Harry Styles a ideia que colou rapidamente. Ainda hoje não sabemos por que a ideia de Niall não foi aprovada pelos outros garotos... Harry explica que pensou no nome One Direction por acaso, mas começou a gostar dele quando o

Na semana que antecedeu a final, os concorrentes receberam grande assédio da imprensa. Nesta foto e na seguinte, o One Direction posa com Simon Cowell, idealizador do programa e mentor do grupo ao longo da temporada.

beacon

imaginou na voz de Peter Dickson, que anunciava os concorrentes antes de suas apresentações na fase de shows ao vivo do programa. E assim nasceu o nosso tão querido One Direction.

O início do sucesso

A primeira apresentação dos cinco garotos como um grupo na fase de shows ao vivo não decepcionou nem um pouco. A empolgante interpretação de "Viva la Vida", sucesso da banda Coldplay, rendeu-lhes na primeira semana a quarta colocação no ranking de votos do público. A partir de então, o grupo se apresentou semanalmente no programa, com canções como "Total Eclipse of The Heart" e "All You Need is Love", sempre oscilando entre a terceira e a quarta posições no ranking geral.

O mais votado em praticamente toda a competição foi Matt Cardle, concorrente na categoria "Boys". Como tudo parecia indicar, Matt acabou como o vencedor da competição. Em segundo lugar ficou a competidora Rebecca Ferguson, concorrente pela categoria "Girls", que seguia como a segunda mais votada nas últimas semanas da temporada. One Direction ficou em terceiro lugar, tendo sido eliminado na última semana do programa. Em uma das suas últimas apresentações no *The X Factor*, o grupo interpretou a música "She's The One", com a participação do cantor Robbie Williams. Mas, como nós bem sabemos, em muitos desses shows de talentos o concorrente que mais se destaca não é necessariamente aquele que ganha a competição...

A sétima temporada do *X Factor* atingiu níveis nunca antes vistos de audiência. Ao longo das semanas, conforme a competição ficava mais e mais acirrada, o número de pessoas ligadas no programa não parava de aumentar. As últimas semanas dessa temporada, entre novembro e dezembro, foram assistidas por mais de metade dos telespectadores do Reino Unido. A final, em 11 e 12 de dezembro, foi considerada o programa mais visto do ano de 2010.

Assim que o programa acabou, a música "Forever Young", que seria lançada pelo grupo caso vencesse a competição, acabou vazando na internet. Mesmo ficando em terceiro lugar no *X Factor*, a banda ganhara uma popularidade inacreditável, e milhares de fãs estavam ávidas por ouvir mais e mais esses garotos. E foi assim que eles assinaram um contrato de gravação com Simon Cowell, idealizador do programa, para produzir seu primeiro álbum. Já estava provado que o Reino Unido queria esses garotos. E, logo mais, eles conquistariam o mundo!

Discografia

Lançamento do primeiro single do grupo, "What Makes You Beaut
em Londres, setembro de 2011.

Gravações com os participantes do *The X Factor*

Depois do grande sucesso da sétima temporada do *The X Factor*, em 2010, os ex-finalistas do programa ainda permaneceram juntos por algum tempo, participando de ações como a gravação de singles e a realização de uma turnê. Essa é uma prática comum após o término das temporadas do programa.

Como parte desse grupo de finalistas, o One Direction gravou e lançou dois singles: "Heroes", ainda em 2010, e "Wishing on a Star", em 2011. As duas canções alcançaram o primeiro lugar no Reino Unido.

Os primeiros singles

Desde a participação no programa, em 2010, e também nas turnês com os finalistas do *The X Factor*, em 2011, os garotos do One Direction vinham cada vez mais chamando a atenção do público. Os rapazes já haviam assinado, logo após o término do programa, um contrato de gravação com o selo Syco Music, de Simon Cowell – que também havia sido o mentor do grupo ao longo do programa. Em todo o Reino Unido, garotas enlouquecidas pelo novo fenômeno da música pop aguardavam ansiosas por uma música própria da banda.

Para felicidade de todos, o lançamento do tão aguardado álbum de estreia, intitulado *Up All Night*, havia sido anunciado para novembro de 2011. Mas, como ninguém aguentaria esperar até lá, o grupo lançou uma das faixas do álbum como um *single*, cerca de dois meses antes de o material final ser liberado. Em 10 de agosto, por meio da rádio BBC, o mundo conheceu o primeiro sucesso dos cinco rapazes mais adorados do universo: "What Makes You Beautiful". O lançamento oficial ocorreu em 11 de setembro.

A música tornou-se um fenômeno já em seu nascimento: bateu o recorde de pré-vendas de um single da Sony Music Entertainment, com mais de 150 mil cópias vendidas em apenas uma semana. Além disso, entrou nas principais listas de sucessos do Reino Unido já ocupando a primeira posição, onde se manteve por muito tempo. Até mesmo na disputadíssima Billboard Hot 100, dos Estados Unidos, os garotos chegaram arrasando, quando o single estreou naquele país, em fevereiro de 2012. Eles entraram nesta lista em uma das posições mais altas que um artista do Reino Unido já havia alcançado, e chegaram a atingir a quarta posição! No Brasil, o single ficou com a décima posição do Billboard Hot 100 local para o período 2011-2012.

Em 11 de novembro, a banda lançou seu segundo single, "Gotta Be You". Essa música também integraria o álbum de estreia, assim como o primeiro sucesso. Como o lançamento oficial de *Up All Night* ocorreria poucos dias depois, a música não foi tão promovida quanto "What Makes You Beautiful". Ainda assim, alcançou boas colocações nos rankings do Reino Unido.

O primeiro álbum

Depois do estrondoso sucesso dos primeiros singles, finalmente foi lançado no Reino Unido o tão aguardado *Up All Night*, em 21 de novembro. A crítica musical teceu comentários muito favoráveis ao álbum, exaltando as letras que expressam tão bem o espírito jovem e o fato de o grupo conseguir produzir uma música pop carregada de sensibilidade e emoção.

Up All Night conseguiu o posto de álbum de estreia vendido mais rapidamente em todo o Reino Unido, segundo o UK Album Charts of 2011. Ao ser lançado em outros países, no início de 2012, começou a ganhar mais e mais fãs ao redor do mundo. Mas foi quando o álbum estreou nos Estados Unidos, em fevereiro de 2012, que os garotos estouraram mundialmente. Tanto que se tornou o segundo álbum mais vendido em todo o território norte-americano no primeiro semestre de 2012.

Preparativos para o segundo álbum

Mais experientes e, agora, mundialmente conhecidos, os garotos não perderam tempo e começaram a trabalhar em seu segundo álbum. Enquanto faziam os últimos shows da turnê de divulgação do primeiro álbum, a *Up All Night Tour*, eles já começavam a pensar no segundo trabalho da banda, posteriormente intitulado *Take Me Home*, para que ele fosse ainda mais especial que o primeiro.

Ávidos por produzirem sempre mais e melhores músicas para suas fãs, os rapazes têm se esforçado para lançar o álbum o quanto antes. Correram notícias de que muitos compositores de grandes hits da música pop disputaram entre si a oportunidade de colocar alguma composição própria nesse novo álbum. Parece que todo mundo quer uma parceria com os meninos. Afinal, eles são garantia de sucesso!

Mas os integrantes da banda também têm trabalhado duro em composições próprias. Seu comprometimento com a qualidade do trabalho é grande e, segundo Harry, eles não querem que as músicas soem como "se um homem de quarenta anos de idade as tivesse criado dentro de um escritório e entregue a eles para que gravassem".

O lançamento do álbum possivelmente será em novembro de 2012. Mas, para não deixar as fãs morrerem do coração até esse dia chegar, o grupo vai lançar uma das faixas como um single, no dia 2 de outubro. Trata-se de "Live While We're Young". Enquanto este livro estava sendo fechado, ainda não tínhamos acesso à música, mas estamos certos de que será mais um grande sucesso!

Em janeiro de 2012, o grupo se apresentou em Londres, no Hammersmith Apollo, o que lhes rendeu boas críticas por parte dos veículos especializados.

Turnês

X Factor Live Tour

Após o término da sétima temporada do *The X Factor*, nove dos grupos e cantores que haviam competido foram convidados a participar de uma turnê em conjunto, a *X Factor Live Tour*. Devido à altíssima popularidade do programa no Reino Unido, a turnê foi um enorme sucesso, sendo vista por mais de meio milhão de pessoas em todo o território britânico. Os shows iniciaram em fevereiro de 2011 – apenas dois meses depois da final do programa – e terminaram em abril do mesmo ano. A banda conquistou ainda mais popularidade ao longo desses meses, o que deu um grande incentivo para que os garotos trabalhassem no álbum de estreia. Em maio, logo após o fim da turnê, eles já estavam dando duro nas faixas de *Up All Night*. E não decepcionaram!

Up All Night Tour

Com o sucesso estrondoso do álbum *Up All Night* em solo britânico, era hora de os garotos botarem o pé na estrada. Foi assim que, em 18 de dezembro de 2011, iniciaram a sua primeira turnê como grupo, a *Up All Night Tour*.

No show, o One Direction mostrou a que veio. Os garotos tiveram um grande domínio de palco e souberam cativar os ouvintes (e os corações das garotas!). Nas apresentações, cantaram sucessos do primeiro álbum, como "What Makes You Beautiful" e "Gotta Be You", além de um medley com versões de músicas como "I Gotta Felling", do Black Eyed Peas, "Valerie", de Amy Winehouse, e "Torn", de Natalie Imbruglia.

A princípio, percorreriam apenas o Reino Unido, com apresentações programadas até o fim de janeiro de 2012. No entanto, com a divulgação de seu álbum de estreia nos Estados Unidos, no início deste ano, o grupo alcançou uma popularidade que, rapidamente, se tornaria mundial. Com a então imensa demanda internacional pelo 1D, a turnê foi expandida para a América do Norte e Oceania, seguindo até 1º de julho. A *Up All Night Tour* ainda rendeu o primeiro DVD da banda, filmado em uma apresentação realizada em janeiro, durante a temporada no Reino Unido, no International Centre, em Bournemouth.

Inicialmente, as opiniões da crítica musical a respeito do show estavam divididas. No entanto, conforme a performance dos garotos evoluía, o grupo começou a receber as mais positivas avaliações. A apresentação do 1D no Hammersmith Apollo, em Londres, rendeu um texto elogioso pelo jornal *Daily Mirror*, que citou a impressionante vibração do público e os aplausos enlouquecidos.

Em suas apresentações pelos Estados Unidos, o grupo seguiu recebendo ótimas críticas em diversos jornais e revistas especializadas. A respeito da apresentação da banda no Beacon Theatre, em Nova York, a *Rolling Stone* – uma das principais revistas do meio musical em todo o mundo – afirmou que "a *boy band* britânica conta com grande qualidade nos vocais e grande carisma para manter suas fãs fieis".

Em maio de 2012, já donos da América, os meninos cantaram no Beacon Theatre, em Nova York.

2013 World Tour

Podemos dizer que o sucesso desses cinco meninos tem tudo a ver com o modo como eles representam o espírito leve e disposto dos jovens. E haja disposição: antes mesmo de completar um ano do término da primeira turnê, o 1D já tinha começado a anunciar a sua segunda volta ao mundo! E volta ao mundo tem tudo a ver com o título da próxima turnê dos garotos, que foi batizada de *2013 World Tour*.

A primeira menção à nova turnê foi feita durante o discurso de agradecimento pelo Brit Award que eles faturaram, em fevereiro de 2012. Nesse dia, os meninos já deixaram claro que os novos planos eram ambiciosos: essa seria a primeira turnê em arenas, e não mais em teatros e auditórios de menor porte, como fora com a *Up All Night Tour*.

Logo em seguida, a turnê começou a ser divulgada oficialmente. Em abril, o grupo anunciou que faria shows em 25 cidades dos Estados Unidos, entre julho e agosto, além de 15 shows no Reino Unido e mais alguns na Oceania. Como já era de se esperar, os ingressos para os primeiros shows programados venderam como água: para muitas das apresentações no Reino Unido, esgotaram-se em minutos, incluindo os três dias de shows no The O2 Arena – casa de shows que já recebeu grandes nomes como Michael Jackson, Led Zeppelin, Lady GaGa, Beyoncé e Linkin Park.

Devido à altíssima procura por ingressos para a segunda turnê de 1D, foram divulgados, em maio, shows extras nos Estados Unidos, para suprir a demanda e atender a todos os fãs que desejam ver os garotos de perto.

Infelizmente, ainda não há nenhuma previsão de que a turnê passe pela América do Sul. O projeto Bring 1D To BR foi criado pelo site One Direction Brasil e o nosso maior objetivo é um só: chamar a atenção dos garotos e tentar trazê-los para o nosso país! O projeto é divido em diversas fases, e a participação de todas as fãs é mais do que essencial em todas elas. Os detalhes estão em nosso site, no endereço www.onedirectionbr.com. E, claro, a ajuda de todos é mais do que bem-vinda e necessária. Se nos unirmos, seremos mais fortes! Vamos lutar e trazer os nossos garotos para o Brasil!

Em um dos últimos shows da turnê, em junho de 2012, cantando para o público da Califórnia, EUA.

Em março de 2012, no tapete laranja do Nickelodeon Kids' Choice Awards, em Los Angeles, sob uma chuva de fãs mirins.

O mundo quer One Direction

Prêmios

Desde o final de 2011, a mais adorada *boy band* de todo o universo vem tendo o seu talento reconhecido nos quatro cantos do mundo. Choveram indicações a importantes prêmios musicais, tanto para aqueles baseados em votos do público em geral como aqueles baseados na opinião da crítica.

Aqui no Brasil, ainda no fim de 2011, o 1D concorreu ao Capricho Awards, na categoria Revelação Internacional. Embora o grupo não fosse ainda tão conhecido no país – o que impediu-o de chegar à primeira colocação no voto popular –, a indicação já foi uma grande vitória para suas fãs brasileiras "vanguardistas". A vencedora da categoria foi Nicki Minaj, com 36,6% dos votos.

Em fevereiro deste ano, o grupo foi coroado com o mais importante prêmio musical do Reino Unido, o Brit Awards, promovido pela indústria fonográfica britânica. Os garotos faturaram o troféu de Melhor Single Britânico, com "What Makes You Beautiful". Vale lembrar que, na disputa, estava também a canção "Someone Like You", da estrela mundial Adele.

Embora as fãs e os rapazes estivessem esperançosos, foi realmente uma enorme surpresa quando o nome do grupo foi anunciado como vencedor. Emocionados, os meninos expressaram sua felicidade e espanto no discurso de agradecimento. Nessa ocasião, Louis exaltou: "Uau, nós não podemos acreditar que estamos de pé neste palco! Quero começar dizendo que isto é para os fãs, que não seriamos nada sem eles, então muito obrigado!".

Em março de 2012, o grupo participou do programa *Today* da rede de televisão NBC em Nova York.

No mês seguinte, o 1D ainda faturou mais dois importantes troféus na edição britânica do Nickelodeon Kids' Choice Awards: Banda Britânica Favorita e Revelação Britânica Favorita. Essa vitória serviu para consolidar o que todos já imaginavam: o sucesso de One Direction entre as crianças e os jovens era absoluto.

A banda ainda está concorrendo a um dos maiores prêmios da música pop em todo o mundo, o VMA (Video Music Awards), promovido pela MTV dos Estados Unidos. Eles concorrem nas categorias Melhor Artista Revelação, Melhor Vídeo Pop e "Most Shared-Worthy" (algo como "Vídeo mais digno de ser compartilhado") – sendo as duas últimas com o vídeo de "What Makes You Beautiful".

O grupo está preparando uma apresentação fantástica para a sua primeira aparição no evento. Além disso, a MTV produziu um especial do grupo para o VMA, intitulado *One Direction: My First Time*. O programa de meia hora foi ao ar no dia 30 de agosto e mostrou os garotos comentando os momentos históricos da premiação e apresentando cenas inéditas dos bastidores de sua primeira turnê. No especial, Niall disse: "Eu estou muito animado em colocar o nosso nome na História com a performance no VMA deste ano". Também estão previstas para a premiação performances de artistas como Green Day, Pink, Taylor Swift e Alicia Keys, além dos concorrentes Rihanna e Frank Ocean.

No momento em que este livro estava sendo concluído, a cerimônia de entrega dos prêmios ainda não havia ocorrido. Mas estaremos na torcida!

Além dessa premiação, o grupo ainda está concorrendo na versão brasileira do prêmio, o VMB (Video Music Brasil), cuja entrega será realizada no dia 20 de setembro. O grupo está entre os indicados para a categoria Artista Internacional, ao lado de "veteranos" como Justin Bieber, Katy Perry, Rihanna, Maroon 5 e Taylor Swift.

Outra premiação brasileira na qual a banda está concorrendo é o Meus Prêmios Nick, a versão brasileira do Nickelodeon Kids' Choice Awards. A premiação acontecerá no dia 4 de outubro deste ano, quando os garotos poderão ser laureados com o troféu na categoria Artista Internacional Favorito. Não precisamos nem dizer que estaremos todas roendo as unhas até lá, não é?

Além desses prêmios, a banda já faturou troféus em diversas outras premiações ao redor do mundo, como JIM Awards, Poptastic Awards, Teen Choice Awards, Teen Icon Awards, The Sun Bizarre Readers Awards, Youth Rock Awards e 4Music Video Honours.

Participações na televisão

Os meninos do One Direction estão bombando em todos os lugares!

Eles vêm sendo altamente cobiçados por empresas de entretenimento para que associem seu nome a marcas de produtos diversos.

Participaram de inúmeros comerciais em todo o mundo e, em abril de 2011, foram nomeados embaixadores das marcas Pokémon Black e Pokémon White, relacionadas à famosa série de animação japonesa. Em 2012, ainda lançaram edições especiais de aparelhos celulares Nokia com conteúdos exclusivos de One Direction.

Sucesso absoluto no Reino Unido, os meninos recebem o Brit Award de Melhor Canção Britânica, em fevereiro de 2012.

Também é aguardado o lançamento, pela Hasbro, de uma linha de jogos e brinquedos dos cinco garotos britânicos.

Só neste ano, o 1D já fez diversas participações especiais em eventos e programas de televisão.

Em março, os meninos fizeram uma aparição no programa *Today*, da rede de televisão estadunidense NBC, em Nova York. Nesse dia o grupo fez uma de suas primeiras grandes aparições para o público dos Estados Unidos.

Em abril, Niall, Zayn, Liam, Harry e Louis participaram de um episódio de um dos programas de humor mais premiados e assistidos dos Estados Unidos, o *Saturday Night Live*. O programa traz paródias de situações reais do cotidiano estadunidense, além de satirizar personalidades artísticas e políticas do país.

O episódio do qual os garotos participaram teve como anfitriã a bela atriz Sofia Vergara, do seriado *Modern Family*. Nesse dia, o grupo cantou dois de seus principais sucessos, além de fazer uma divertida performance com bigodes e camisas coloridas.

Na mesma semana, a banda gravou uma participação especial em um episódio da série juvenil *iCarly*, transmitido pelo canal Nickelodeon. Nesse episódio, a protagonista Carly – interpretada por Miranda Cosgrove – recebe os garotos, atuando como eles mesmos, para se apresentarem no seu *webshow*.

O dia 12 de agosto de 2012 foi um marco na carreira dos garotos: eles se apresentaram para o mundo todo na cerimônia de encerramento dos Jogos Olímpicos, em Londres, ao lado de outros grandes nomes da música britânica como The Who, Jessie J e Spice Girls. Em sua apresentação, o 1D apareceu cantando o grande sucesso "What Makes You Beautiful" sobre um carro alegórico.

Sobre essa experiência, Niall afirmou: "Palavras não podem descrever o que eu senti hoje a noite! Melhor sensação de todas!". Liam, empolgado, disse que "A cerimônia das Olimpíadas foi incrível! Estou muito agradecido por eles terem feito esse convite para cantarmos! Uma apresentação da qual eu nunca vou esquecer!!!". Louis lembrou de agradecer às fãs: "Vocês nos levaram até a apresentação nas Olimpíadas. Não posso agradecer a todas vocês o suficiente!", assim como Zayn: "Foi uma grande honra cantar na cerimônia de encerramento. Obrigado a vocês por nos levarem até lá, vocês todas são inacreditáveis. Amo todas vocês". Harry completou: "A noite de ontem foi a maior apresentação de nossas carreiras, obrigado por fazerem isso acontecer.". Realmente, foi um momento superemocionante para a banda e para todos os fãs. E isso só mostra como esses meninos ainda vão longe!

O empolgante show do One Direction no Nickelodeon Kids' Choice Awards.

A participação dos cinco rapazes em um dos programas de maior audiência dos Estados Unidos, o *Saturday Night Live*, em 7 de abril de 2012. Na foto, estão acompanhados de Kristen Wiig, Sofia Vergara e Fred Armisen.

Quiz

Você se considera mesmo uma supermegaultraplus fã de One Direction? Então que tal testar os seus conhecimentos sobre a banda respondendo às perguntas a seguir? Depois de responder, confira quantas você acertou e descubra em que nível você está no ranking das adoradoras de 1D!

1 – Qual dos integrantes do One Direction fez uma audição para o programa *The X Factor* em 2008, chegou até a etapa "Judges' Houses" e foi mandado para casa pelo jurado Simon Cowell?

a) Zayn
b) Liam
c) Niall
d) Louis
e) Harry

2 – Um deles é apaixonado por comida e sempre expõe suas gulodices no Twitter. Seu nome é:

a) Zayn
b) Liam
c) Niall
d) Louis
e) Harry

3 – O single ..... foi nomeado como a pré-venda mais rápida do mundo musical, alcançando um público inimaginável até mesmo para os Beatles, Spice Girls ou Adele.

a) "Heroes"
b) "Live While We're Young"
c) "Wishing on a Star"
d) "Gotta Be You"
e) "What Makes You Beautiful"

4 – Quem é o cantor que começa as músicas "What Makes You Beautiful" e "One Thing"?

a) Zayn
b) Liam
c) Niall
d) Louis
e) Harry

5 – Dos garotos do One Direction, apenas Niall não é inglês. Qual é a sua nacionalidade?

a) Escocês
b) Francês
c) Suíço
d) Belga
e) Irlandês

6 – Na primeira audição que selecionava os participantes para o *The X Factor*, em 2010, qual foi o jurado que disse "não" a Harry?

a) Simon Cowell
b) Paula Abdul
c) Nicole Scherzinger
d) Louis Walsh
e) Cheryl Cole

7 – Nascido numa véspera de Natal, um desses garotos foi um verdadeiro presente de fim de ano. Seu nome é:

a) Zayn

b) Liam

c) Niall

d) Louis

e) Harry

8 – A grafia correta do nome de Zayn é:

a) Zaym

b) Zeyn

c) Zaim

d) Zein

e) Zain

9 – Em qual desses clipes aparece uma moto vermelha e um Fusca?

a) "Gotta Be You"

b) "What Makes You Beautiful"

c) "One Thing"

d) "More than This"

e) "Live While We're Young"

10 – Em qual cidade foi gravado o clipe de "One Thing"?

a) Paris

b) Berlim

c) Barcelona

d) Londres

e) Roma

11 – Um dos meninos nunca chamou muito a atenção, chegou a ser considerado gordinho e ainda levou um fora da menina que gostava depois de ter cantado para ela. Qual o nome do garoto que essa louca dispensou?

a) Zayn

b) Liam

c) Niall

d) Louis

e) Harry

12 – Um signo de paz, o nome do avô tatuado em árabe e uma escrita em japonês no abdômen. Essas são as tatuagens de:

a) Zayn

b) Liam

c) Niall

d) Louis

e) Harry

13 – Qual dessas duplinhas já dividiu apartamento?

a) Zayn e Liam

b) Niall e Harry

c) Harry e Liam

d) Niall e Louis

e) Louis e Harry

14 – Qual dessas cantoras já fez um cover de "What Makes You Beautiful" em um tour de verão?

a) Miranda Cosgrove

b) Miley Cyrus

c) Demi Lovato

d) Selena Gomez

e) Emily Osment

15 – Um desses filmes foi escolhido como um marco na vida dos cinco astros. Qual a sua aposta?

a) *O âncora – A lenda de Ron Burgundy*

b) *Superbad – É hoje*

c) *O roqueiro*

d) *Os piratas do rock*

e) *Borat – O segundo melhor repórter do glorioso país Cazaquistão viaja à América*

16 – Qual foi a data de lançamento do single "What Makes You Beautiful"?

a) 16 de março de 2011

b) 11 de setembro de 2011

c) 14 de outubro de 2011

d) 08 de dezembro de 2011

e) 31 de março de 2012

17 – Em entrevista ao site SugarScape, os meninos de 1D declararam que a melhor coisa de estar na banda é:

a) Estar nas festas mais bombantes

b) Não cair na rotina

c) Viajar

d) Diversão e garotas

e) Poder ficar sempre na moda

18 – E a pior é:

a) Ter que andar sempre com seguranças

b) Falta de privacidade

c) Ter que estar sempre pronto para uma foto

d) Poucas horas de sono

e) Não ir para casa com frequência e ficar muito tempo sem ver a família e os amigos

19 – Qual o nome do álbum de estreia da banda?

a) *Gotta Be You*

b) *What Makes You Beautiful*

c) *Up All Night*

d) *One Thing*

e) *More than This*

20 – A música que Liam cantou na seleção para o *The X Factor*, em 2010, foi:

a) "Cry Me a River"

b) "Bang Bang"

c) "Some Velvet Morning"

d) "One last Cry"

e) "Make It Right"

Respostas

1 - b; 2 - c; 3 - b; 4 - b; 5 - e;
6 - d; 7 - d; 8 - e; 9 - a; 10 - d;
11 - b; 12 - a; 13 - e; 14 - a; 15 - a;
16 - b; 17 - d; 18 - e; 19 - c; 20 - a.

Resultado

Se você acertou de 1 a 7 questões:

One Direction? Oi? Quem?

Esses garotos merecem mais da sua atenção. Pesquisar e ler sobre esse fenômeno do mundo pop vai ajudar você a se tornar uma fã número um de 1D! Conheça melhor a trajetória de Zayn, Liam, Niall, Louis e Harry, ouça com atenção suas músicas e refaça esse quiz. Vai ser sucesso!

Se você acertou de 8 a 14 questões:

Você realmente gosta de 1D, mas dizer que é fã, dessas que sabem todas as músicas e os detalhes de cada um dos integrantes do grupo, já é demais... Nosso conselho? Releia o livro, curta as músicas, veja os clipes e junte-se ao time de adoradoras de One Direction!

Se você acertou de 15 a 20 questões:

Parabéns!!! Você certamente conhece todos os detalhes da banda britânica mais adorada da atualidade! Arrase e divirta-se cada vez mais com esses garotos que a cada dia se mostram mais talentosos e encantadores!